CADERNO DE ATIVIDADES

1

Organizadora: Editora Moderna
Obra coletiva concebida, desenvolvida e produzida pela Editora Moderna.

Editora Executiva:
Marisa Martins Sanchez

NOME: ....
.... TURMA: ....
ESCOLA: ....
....

1ª edição

© Editora Moderna, 2019

Elaboração de originais:

Christina Binato
Licenciada em Letras pela Universidade Mackenzie. Editora.

Débora Lima
Licenciada em Letras pelas Faculdades São Judas Tadeu. Editora.

Márcia Maria Villanacci Braga
Licenciada em Pedagogia pelo Centro Universitário Assunção. Pós-graduada em Psicopedagogia pela mesma instituição. Professora do Ensino Fundamental em escolas particulares. Orientadora Educacional do Ensino Fundamental em escola particular.

Marisa Martins Sanchez
Licenciada em Letras pelas Faculdades São Judas Tadeu. Professora dos Ensinos Fundamental e Médio em escolas públicas e particulares. Editora.

Coordenação editorial: Marisa Martins Sanchez
Edição de texto: Ofício do Texto Projetos Editoriais
Assistência editorial: Ofício do Texto Projetos Editoriais
Gerência de *design* e produção gráfica: Everson de Paula
Coordenação de produção: Patricia Costa
Suporte administrativo editorial: Maria de Lourdes Rodrigues
Coordenação de *design* e projetos visuais: Marta Cerqueira Leite
Projeto gráfico: Adriano Moreno Barbosa, Daniel Messias, Mariza de Souza Porto
Capa: Bruno Tonel
    Ilustração: Raul Aguiar
Coordenação de arte: Wilson Gazzoni Agostinho
Edição de arte: Teclas Editorial
Editoração eletrônica: Teclas Editorial
Coordenação de revisão: Elaine Cristina del Nero
Revisão: Ofício do Texto Projetos Editoriais
Coordenação de pesquisa iconográfica: Luciano Baneza Gabarron
Pesquisa iconográfica: Ofício do Texto Projetos Editoriais
Coordenação de *bureau*: Rubens M. Rodrigues
Tratamento de imagens: Fernando Bertolo, Joel Aparecido, Luiz Carlos Costa, Marina M. Buzzinaro
Pré-impressão: Alexandre Petreca, Everton L. de Oliveira, Marcio H. Kamoto, Vitória Sousa
Coordenação de produção industrial: Wendell Monteiro
Impressão e acabamento: Forma Certa Gráfica Digital
Lote: 788154

Dados Internacionais de Catalogação na Publicação (CIP)
(Câmara Brasileira do Livro, SP, Brasil)

Buriti plus : português : caderno de atividades / organizadora Editora Moderna ; obra coletiva concebida, desenvolvida e produzida pela Editora Moderna ; editora executiva Marisa Martins Sanchez. – 1. ed. – São Paulo : Moderna, 2019. – (Projeto Buriti)

Obra em 5 v. para alunos do 1º ao 5º ano.

1. Português (Ensino fundamental) I. Sanchez, Marisa Martins. II. Série.

19-25846   CDD-372.6

Índices para catálogo sistemático:
1. Português : Ensino fundamental 372.6

Maria Alice Ferreira — Bibliotecária — CRB-8/7964

ISBN 978-85-16-12022-1 (LA)
ISBN 978-85-16-12023-8 (LP)

Reprodução proibida. Art. 184 do Código Penal e Lei 9.610 de 19 de fevereiro de 1998.
Todos os direitos reservados
EDITORA MODERNA LTDA.
Rua Padre Adelino, 758 – Belenzinho
São Paulo – SP – Brasil – CEP 03303-904
Vendas e Atendimento: Tel. (0_ _11) 2602-5510
Fax (0_ _11) 2790-1501
www.moderna.com.br
2024
Impresso no Brasil

1 3 5 7 9 10 8 6 4 2

NESTE CADERNO VOCÊ ENCONTRARÁ MUITAS ATIVIDADES E TEXTOS QUE O AJUDARÃO A LER E A ESCREVER CADA VEZ MAIS E MELHOR.

ALÉM DISSO, VAI DESENHAR, PINTAR, CONHECER BRINCADEIRAS...

ESPERAMOS QUE VOCÊ APRENDA MUITO E SE DIVIRTA BASTANTE!

OS EDITORES

NA PÁGINA 65, HÁ O ALFABETO COMPLETO. VOCÊ PODERÁ USÁ-LO EM TODAS AS ATIVIDADES.

SUMÁRIO

MEU NOME
ESCRITA DO NOME 6

OUTROS NOMES
ESCRITA DE NOMES 7

BRINCADEIRA PARA PULAR CORDA 8

LIGA-LETRAS
FORMAÇÃO DE FIGURAS USANDO
A ORDEM ALFABÉTICA 9

UMA QUADRINHA PARA BRINCAR! 10

QUAL É A PALAVRA?
ESCRITA DE PALAVRAS E ADIVINHA 11

**LÁ VAI A BARQUINHA
CARREGADINHA DE...**
LETRA INICIAL E SÍLABA 12

COMO É BOM BRINCAR!
NOMES DE BRINCADEIRAS;
ESCULTURAS DE IVAN CRUZ 14

QUE BAGUNÇA!
LETRA INICIAL E LETRA FINAL 15

BATATA QUENTE
SEPARAÇÃO DE SÍLABAS 16

TROCA-LETRAS
FORMAÇÃO DE PALAVRA
POR TROCA DE LETRA 17

DESAFIO 18

TROVAS, TROVINHAS...
RIMAS 19

QUAL É A HISTÓRIA?
TÍTULOS DE CONTOS DE FADA 20

QUEM DISSE O QUÊ?
DIÁLOGOS DO CONTO CHAPEUZINHO
VERMELHO 21

QUAL É O TÍTULO?
RIMAS 22

**VAMOS AJUDAR DONA ARANHA
A CHEGAR À TEIA?**
SÍLABA FINAL, RIMA 23

TROCA-SÍLABAS
SÍLABAS INICIAIS, MEDIAIS E FINAIS 24

DOMINÓ
JOGO COM PALAVRAS E IMAGENS 26

CRUZADINHA DE ANIMAIS 28

JOGO DOS SETE ERROS
ESCRITA DE PALAVRAS 29

MAIS E MAIS ANIMAIS!
SÍLABA INICIAL 30

QUAL É A SÍLABA?
SÍLABA INICIAL: **FA**, **FE**, **FI**, **FO** E **FU** 31

DESAFIO 32

CRUZADINHA JUNINA
ELEMENTOS DE FESTA JUNINA E CANÇÃO 33

O SABICHÃO
CRIAÇÃO DE VERSOS 34

VAI TER FESTA!
LISTA DE ITENS DE FESTA DE ANIVERSÁRIO 35

FAZENDO UMA FLAUTA
TEXTO INSTRUCIONAL 36

MÚSICA ANIMAL
CRUZADINHA 37

ROSTO DIVERTIDO
DESENHO COM BASE EM QUADRINHA 38

BRINCADEIRA DAS SÍLABAS
ESCRITA DE PALAVRAS A PARTIR DE UMA ÚNICA SÍLABA 39

ADIVINHE O QUE É?
SÍLABA INICIAL: **PA**, **PE**, **PI**, **PO** E **PU** 40

INVENÇÕES 41

QUE CONFUSÃO!
NÃO CONFUNDA, DE EVA FURNARI 42

PONTE SOBRE O MAR
ESCRITA DE NOMES DE INVENÇÕES E DE FRASE 44

CASA MALUCA
IDENTIFICAÇÃO DE OBJETOS E ESCRITA DE PALAVRAS 45

MESMA SÍLABA, PALAVRAS DIFERENTES
SÍLABAS IGUAIS EM PALAVRAS DIFERENTES 46

CRUZADINHA DAS INVENÇÕES
SÍLABAS: **LA**, **LE**, **LI**, **LO** E **LU** 47

DESAFIO 48

ESPORTES COM BOLA
ESCRITA DE NOMES DE ESPORTES 49

ESPORTES NA PRAIA E NO MAR
ESCRITA DE NOMES DE ESPORTES 50

CARACOL DE SÍLABAS
COMPOSIÇÃO DE PALAVRAS 51

ANTA: UM GRANDE ANIMAL
ANTA, DE LALAU E LAURABEATRIZ 52

CRUZADINHA SILÁBICA
SEPARAÇÃO DE SÍLABAS 54

SURIÁ, A GAROTA DO CIRCO
LEITURA E COMPREENSÃO DE HISTÓRIA EM QUADRINHOS; RIMAS 55

O QUE É, O QUE É?
ADIVINHAS; ESCRITA DE ADIVINHA 57

QUE HISTÓRIA É ESSA?
RITINHA TROCA-BOLAS, DE PEDRO BANDEIRA 58

EM PLENO VOO
RÉPTIL VOADOR 61

DESAFIO 62

QUE DELÍCIA DE LUGAR!
ESCRITA DE TEXTO 64

CARTONADOS
ALFABETO 65
DOMINÓ 67

MEU NOME

➤ RECORTE LETRAS DE JORNAIS OU REVISTAS PARA FORMAR SEU NOME.

➤ DEPOIS, COLE UMA FOTO SUA OU FAÇA UM DESENHO.

ALEXANDRE MATOS

➤ QUANTAS LETRAS TEM SEU PRIMEIRO NOME? PINTE OU ESCREVA.

| 2 | 3 | 4 | 5 | 6 | 7 | 8 | 9 | 10 | |

OUTROS NOMES

▸ QUAL É O COLEGA DE SUA CLASSE QUE TEM O NOME COM MAIS LETRAS?

▸ QUAL É O COLEGA QUE TEM O NOME COM MENOS LETRAS?

▸ ESCREVA DOIS NOMES QUE COMEÇAM COM A MESMA LETRA.

▸ ESCREVA DOIS NOMES QUE TERMINAM COM A MESMA LETRA.

BRINCADEIRA PARA PULAR CORDA

> VOCÊ CONHECE ESTA BRINCADEIRA?

COM ALGUNS COLEGAS, PULE CORDA CANTANDO OS VERSOS. DEPOIS, SEM PARAR DE PULAR, VÁ RECITANDO CADA LETRA DO ALFABETO.

QUANDO PISAR NA CORDA, VOCÊ DEVE FALAR O NOME DE UMA PESSOA QUE COMEÇA COM A LETRA QUE VOCÊ ESTAVA RECITANDO.

COM QUEM SERÁ
QUE VOCÊ VAI SE CASAR?
LOIRA,
MORENA,
CARECA,
CABELUDA,
RAINHA,
POLÍCIA,
CAPITÃ.
QUAL É A LETRA
DO SEU CORAÇÃO?

A B C D E F G H I J K L M N O
P Q R S T U V W X Y Z

DA TRADIÇÃO POPULAR.

> CIRCULE DE **VERMELHO** A PRIMEIRA LETRA DE SEU NOME.
> CIRCULE DE **VERDE** A PRIMEIRA LETRA DO NOME DE SEU PROFESSOR.
> CIRCULE DE **AZUL** A ÚLTIMA LETRA DO NOME DE UM COLEGA DA CLASSE.

LIGA-LETRAS

> LIGUE AS LETRAS SEGUINDO A ORDEM ALFABÉTICA.
> DEPOIS, PINTE A FIGURA QUE APARECER.

> ESCREVA O NOME DA FIGURA QUE VOCÊ FORMOU.

UMA QUADRINHA PARA BRINCAR!

▶ PEÇA A UM ADULTO QUE LEIA ESTA QUADRINHA PARA VOCÊ.

EU AMO A LETRA **A**
POR ELA TENHO PAIXÃO
COM ELA POSSO ESCREVER
AMÉLIA DO MEU CORAÇÃO!

DA TRADIÇÃO POPULAR.

▶ COMPLETE A QUADRINHA.

EU AMO A LETRA ☐ ← ESCREVA A LETRA INICIAL DO NOME DE ALGUÉM DE QUEM VOCÊ GOSTA.

POR ELA TENHO PAIXÃO

COM ELA POSSO ESCREVER

_____ DO MEU CORAÇÃO!

↑ AGORA, ESCREVA O NOME DESSA PESSOA.

▶ VOCÊ PODE CONTINUAR BRINCANDO. É SÓ ESCOLHER OUTROS NOMES!

QUAL É A PALAVRA?

▶ COMPLETE AS PALAVRAS COM AS LETRAS QUE FALTAM.

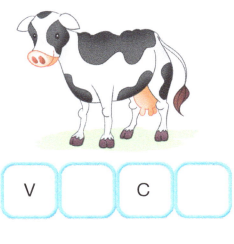

| V | | C | |

| V | | L | |

| B | | T | |

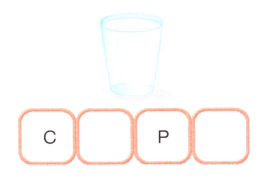

| C | | P | |

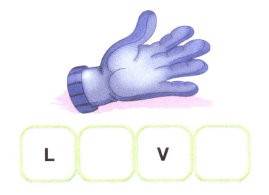

| L | | V | |

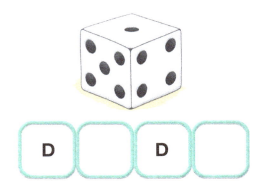

| D | | D | |

O QUE É, O QUE É?

- ENCHE UMA CASA, MAS NÃO ENCHE A MÃO.

_____

LÁ VAI A BARQUINHA CARREGADINHA DE...

▸ ESCREVA O NOME DO QUE ESTÁ NA BARQUINHA.

_____

_____

_____

▸ COM QUE LETRA ESSAS PALAVRAS COMEÇAM? ☐

▸ AGORA, É A SUA VEZ DE CARREGAR A BARQUINHA. PARA ISSO, VOCÊ VAI PRECISAR DE UM SAQUINHO COM LETRAS.

▸ RETIRE UMA LETRA DO SAQUINHO.

▸ FALE A FRASE:

> LÁ VAI A BARQUINHA CARREGADINHA DE...

▸ COMPLETE A FRASE COM ALGUNS NOMES QUE COMECEM COM A LETRA SORTEADA.

▸ VALE QUALQUER NOME: DE PESSOA, DE FRUTA, DE BRINQUEDO, DE ANIMAL...

- SE VOCÊ QUISER, A BRINCADEIRA PODE SER FEITA COM SÍLABAS. A SÍLABA PODE ESTAR EM QUALQUER PARTE DA PALAVRA.
- OBSERVE A SÍLABA QUE ESTÁ NA BARQUINHA NO CENTRO DA PÁGINA.
- LIGUE O QUE PODE SER CARREGADO, DE ACORDO COM ESSA SÍLABA.

COMO É BOM BRINCAR!

O ARTISTA PLÁSTICO IVAN CRUZ É FAMOSO POR SUAS OBRAS QUE RETRATAM BRINCADEIRAS DE CRIANÇAS.

APRECIE ALGUMAS DE SUAS ESCULTURAS FEITAS EM BRONZE.

RODANDO PIÃO.

PULANDO AMARELINHA.

PATINETE.

> ESCREVA O NOME DESSAS BRINCADEIRAS.

> AJUDE A MENINA A ENCONTRAR BRINQUEDOS QUE COMECEM COM A LETRA **B** E TERMINEM COM A LETRA **A**.

> ESCREVA O NOME DOS BRINQUEDOS QUE VOCÊ ENCONTROU.

BATATA QUENTE

➤ VOCÊ JÁ BRINCOU DE **BATATA QUENTE**?

◆ PARA BRINCAR, VOCÊ PRECISA DE MÚSICA E DE UMA BOLA OU OUTRO OBJETO PARA SER A "BATATA".

◆ VOCÊ E SEUS COLEGAS SENTAM-SE NO CHÃO, EM RODA. QUANDO A MÚSICA COMEÇAR A TOCAR, A "BATATA" DEVE IR PASSANDO DE MÃO EM MÃO. QUANDO A MÚSICA PARAR, QUEM ESTIVER COM A "BATATA" NAS MÃOS FICA QUEIMADO E SAI DA RODA. QUEM SAIR POR ÚLTIMO GANHA.

➤ SEPARE AS SÍLABAS DESTAS PALAVRAS.

BATATA ☐ ☐ ☐   QUENTE ☐ ☐

➤ PODEMOS USAR OUTROS OBJETOS PARA BRINCAR DE BATATA QUENTE. MARQUE COM UM X OS QUE VOCÊ ACHA QUE SERVEM PARA ESSA BRINCADEIRA. DEPOIS, ESCREVA O NOME DE CADA UM DELES.

TROCA-LETRAS

➤ TROQUE SOMENTE UMA LETRA EM CADA NOME E FORME NOVAS PALAVRAS.

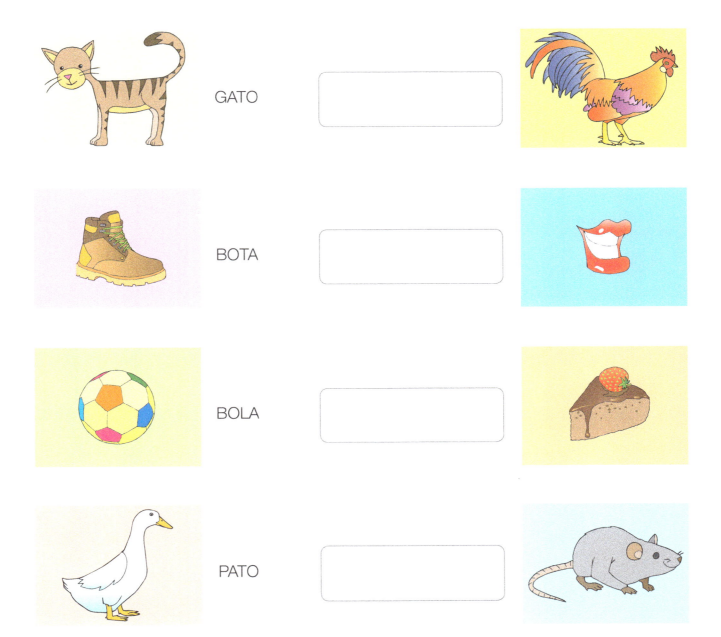

GATO

BOTA

BOLA

PATO

➤ AGORA, UM DESAFIO: TROQUE DUAS LETRAS DA PALAVRA ABAIXO E FORME O NOME DE UMA FRUTA.

BATATA

DESAFIO

DESCUBRA QUEM PEGOU OS LÁPIS DE COR DA MARIANA E SE ESQUECEU DE DEVOLVER. CIRCULE NA CENA.

- ESTÁ DE CAMISETA AMARELA.
- GOSTA DE ANDAR DE BICICLETA.
- USA ÓCULOS.
- ESTÁ VOLTANDO DO SUPERMERCADO.

✓ QUAL É O NOME DA CRIANÇA QUE PEGOU OS LÁPIS DE COR DA MARIANA?

- PRIMEIRA SÍLABA DE

- SEGUNDA SÍLABA DE

- SEGUNDA SÍLABA DE

- TERCEIRA SÍLABA DE

- ÚLTIMA LETRA DE

TROVAS, TROVINHAS...

▸ CIRCULE AS PALAVRAS QUE RIMAM.

O MEU PAI SE CHAMA CACO,
MINHA MÃE, CACA MARIA,
LÁ EM CASA SÓ TEM CACO,
AI, MEU DEUS, QUE CACARIA!

NINGUÉM VIU O QUE EU VI HOJE
LÁ NA PORTA DE UMA VENDA:
UM MACACO NO BALCÃO
E UMA BARATA FAZENDO RENDA.

FUI PASSAR NA PINGUELINHA,
CHINELO CAIU DO PÉ.
OS PEIXINHOS RECLAMARAM:
QUE CHEIRINHO DE CHULÉ!

MARIA JOSÉ NÓBREGA E ROSANE PAMPLONA.
DIGA UM VERSO BEM BONITO! – TROVAS.
SÃO PAULO: MODERNA, 2008.

QUAL É A HISTÓRIA?

> DESEMBARALHE AS LETRAS PARA FORMAR O NOME DE CADA UMA DESTAS HISTÓRIAS.

QUEM DISSE O QUÊ?

> VOCÊ SE LEMBRA DA HISTÓRIA DE CHAPEUZINHO VERMELHO? LIGUE CADA BALÃO À PERSONAGEM CORRESPONDENTE.

QUAL É O TÍTULO?

> ESCREVA UM TÍTULO PARA O POEMA.

> DEPOIS, PINTE A PALAVRA **ARANHA** SEMPRE QUE ELA APARECER.

A DONA ARANHA
SUBIU PELA PAREDE.
VEIO A CHUVA FORTE
E A DERRUBOU.

JÁ PASSOU A CHUVA,
E O SOL JÁ VEM SURGINDO.
E A DONA ARANHA
CONTINUA SUBINDO.

ELA É TEIMOSA
E DESOBEDIENTE,
SOBE, SOBE, SOBE,
NUNCA ESTÁ CONTENTE.

DA TRADIÇÃO POPULAR.

> AGORA, CIRCULE AS PALAVRAS QUE RIMAM.

TROCA-SÍLABAS

> ESCREVA O NOME DAS FIGURAS, SABENDO QUE CADA NOME COMEÇA COM A ÚLTIMA SÍLABA DO NOME ANTERIOR.

ALFACE

> AGORA, PENSE EM UMA PALAVRA QUE COMECE COM A ÚLTIMA SÍLABA DA ÚLTIMA PALAVRA QUE VOCÊ ESCREVEU.

> ESCREVA ESSA PALAVRA E DESENHE.

> LEIA OS PARES DE PALAVRAS ABAIXO.
CIRCULE AS SÍLABAS QUE ELAS TÊM EM COMUM.

| CASACO | JANELA | PAREDE |
| CABELO | BONECA | CIDADE |

> DESCUBRA O SEGREDO DA ORDEM DAS PALAVRAS. DEPOIS, ESCREVA PALAVRAS QUE SIGAM A MESMA ORDEM.

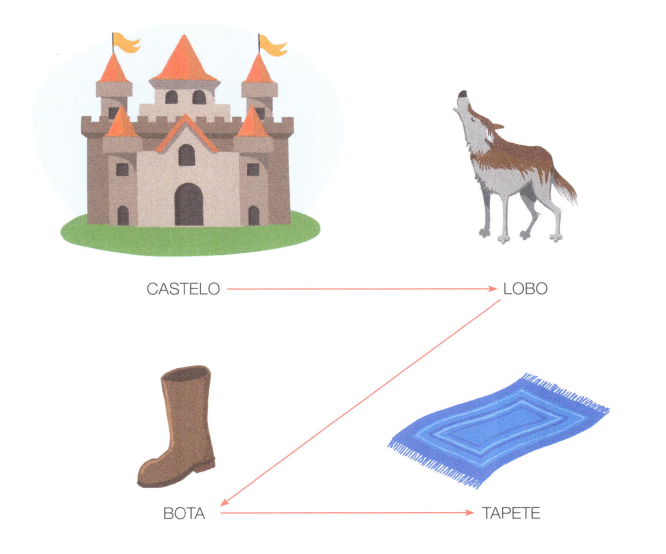

CASTELO → LOBO
BOTA → TAPETE

25

DOMINÓ

> VOCÊ JÁ BRINCOU DE DOMINÓ? NA PÁGINA 67, ESTÃO AS PEÇAS PARA VOCÊ DESTACAR E SE DIVERTIR! LÁ VOCÊ VAI ENCONTRAR PEÇAS COMO ESTAS AO LADO.

DESTE LADO, UMA PALAVRA.   DESTE OUTRO LADO, UMA FIGURA.

> NESSE CASO, PARA CONTINUAR JOGANDO, VOCÊ DEVE TER UMA PEÇA ASSIM:

> ENTÃO, SABE O QUE VOCÊ FAZ? ENCOSTA ESSA PEÇA NA OUTRA. VAI FICAR ASSIM:

OU ASSIM:

> PARA CONTINUAR ESSE JOGO, A PRÓXIMA PEÇA DEVE TER QUAL PALAVRA?

CONVIDE UM COLEGA PARA BRINCAR!

26

➤ AGORA, OBSERVE AS PEÇAS DO SEU DOMINÓ E ESCREVA PARES DE PALAVRAS QUE RIMAM.

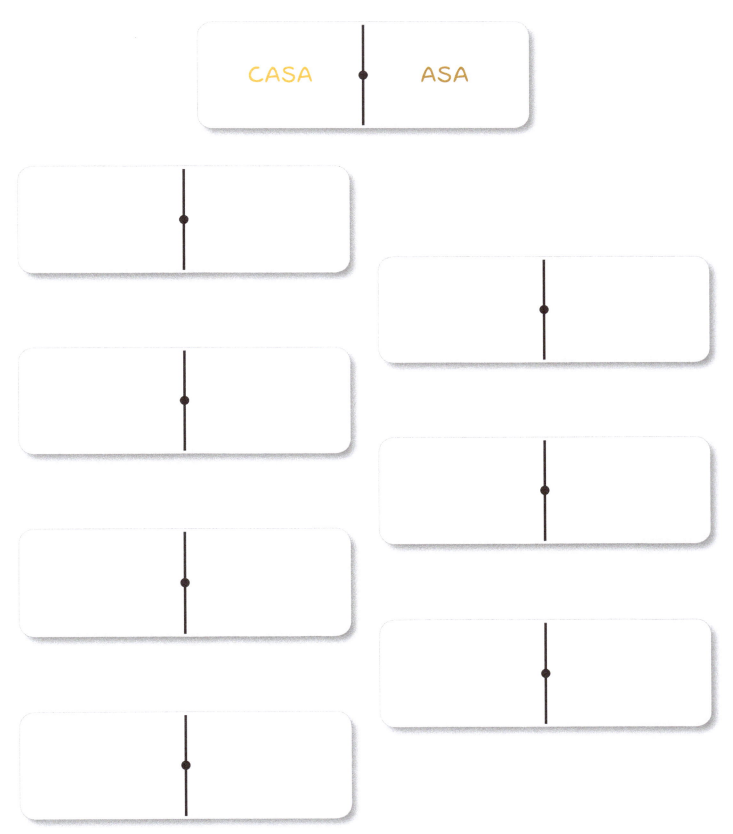

CRUZADINHA DE ANIMAIS

> COMPLETE A CRUZADINHA COM NOME DE ANIMAIS. CONSULTE O BANCO DE PALAVRAS.

4 LETRAS	5 LETRAS	6 LETRAS	7 LETRAS
TATU	PENTE	CAROÇO	GOTINHA
TACO	PEIXE	CABEÇA	GALINHA
TABU	PEDRA	CAVALO	GELINHO

JOGO DOS SETE ERROS

▸ ESCREVA O QUE ESTÁ FALTANDO NA SEGUNDA ILUSTRAÇÃO.

MAIS E MAIS ANIMAIS!

▶ OBSERVE AS FOTOS E LEIA O NOME DE CADA ANIMAL.
▶ LIGUE OS NOMES QUE COMEÇAM COM A MESMA SÍLABA.

SUCURI

GIBÃO

CORUJA

TATU

GIRAFA

CODORNA

TAPITI

SUÇUARANA

QUAL É A SÍLABA?

▸ ESCREVA O NOME DE CADA FIGURA.

▸ FALTA UMA SÍLABA EM CADA PALAVRA ABAIXO. DESCUBRA QUE SÍLABA É E COMPLETE A PALAVRA.

 MÍ LIA  GÃO

DESAFIO

O ANIMAL DE ESTIMAÇÃO DO PEDRO SUMIU!

PRIMEIRO, VOCÊ PRECISA SABER QUAL É O ANIMAL. SIGA AS PISTAS:

- É BRANCO.
- AS ORELHAS SÃO ROSADAS.
- AS ORELHAS SÃO GRANDES.
- É BEM PELUDO.

- DESCOBRIU? ESCREVA O NOME DO ANIMAL.

- AGORA, VOCÊ PRECISA DESCOBRIR ONDE ELE SE ESCONDEU. NA ÚLTIMA VEZ EM QUE PEDRO VIU SEU ANIMALZINHO, ELE ESTAVA NO QUINTAL. VOCÊ CONSEGUE ENCONTRÁ-LO?

CRUZADINHA JUNINA

> PREENCHA A CRUZADINHA COM O NOME DAS FIGURAS.

> AGORA, UMA CANÇÃO JUNINA. CIRCULE AS PALAVRAS QUE RIMAM.

CAPELINHA DE MELÃO
É DE SÃO JOÃO.
É DE CRAVO, É DE ROSA,
É DE MANJERICÃO.
SÃO JOÃO ESTÁ DORMINDO,
NÃO ACORDE, NÃO.
ACORDAI, ACORDAI, ACORDAI, JOÃO!

DA TRADIÇÃO POPULAR.

O SABICHÃO

VOCÊ DIZ QUE SABE MUITO
LAGARTIXA SABE MAIS.
ELA SOBE NA PAREDE,
COISA QUE VOCÊ NÃO FAZ!

DA TRADIÇÃO POPULAR.

> AGORA É SUA VEZ DE CRIAR!

VOCÊ DIZ QUE SABE MUITO
CORUJA SABE MAIS.

ELA _____
COISA QUE VOCÊ NÃO FAZ!

VOCÊ DIZ QUE SABE MUITO
LEÃO SABE MAIS.

ELE _____
COISA QUE VOCÊ NÃO FAZ!

VOCÊ DIZ QUE SABE MUITO

_____

_____

COISA QUE VOCÊ NÃO FAZ!

VAI TER FESTA!

> JÚLIA FOI COM SUA MÃE A UMA LOJA DE ARTIGOS PARA FESTA.
> FAÇA UMA LISTA DO QUE ELA PODE ESCOLHER PARA SUA FESTA DE ANIVERSÁRIO.

FAZENDO UMA FLAUTA

> É MUITO FÁCIL! VOCÊ VAI PRECISAR DE:

- 9 CANUDINHOS
- RÉGUA
- TESOURA COM PONTAS ARREDONDADAS
- FITA ADESIVA TRANSPARENTE

1. DEIXE RESERVADO UM DOS CANUDOS.

2. VOCÊ VAI CORTAR OS OUTROS 8 CANUDOS, DEIXANDO CADA UM DE UM TAMANHO. CORTE 2 CENTÍMETROS DO PRIMEIRO, 4 CENTÍMETROS DO SEGUNDO, 6 CENTÍMETROS DO TERCEIRO, 8 CENTÍMETROS DO QUARTO, 10 CENTÍMETROS DO QUINTO, 12 CENTÍMETROS DO SEXTO, 14 CENTÍMETROS DO SÉTIMO E 16 CENTÍMETROS DO OITAVO.

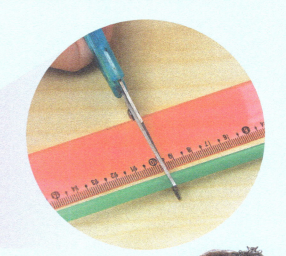

3. COLOQUE OS 9 CANUDOS, UM AO LADO DO OUTRO, SOBRE UM PEDAÇO DA FITA ADESIVA.

4. PASSE A FITA EM TORNO DELES.

5. PRONTO! AGORA É SÓ TOCAR!

MÚSICA ANIMAL

PULGA TOCA FLAUTA
PERERECA, VIOLÃO
PIOLHO PEQUENINO
TAMBÉM TOCA RABECÃO

DA TRADIÇÃO POPULAR.

▶ PREENCHA A CRUZADINHA COM PALAVRAS DA PARLENDA.

ROSTO DIVERTIDO

> LEIA ESTA QUADRINHA.

OLHO DE AZEITONA,
NARIZ DE BATATINHA,
BOCA DE TOMATE,
MEXE, MEXE, SALADINHA!

DA TRADIÇÃO POPULAR.

> DESENHE UM ROSTO DE ACORDO COM O TEXTO.

BRINCADEIRA DAS SÍLABAS

> OBSERVE A BRINCADEIRA QUE A PROFESSORA DO PRIMEIRO ANO PROPÔS AOS ALUNOS.

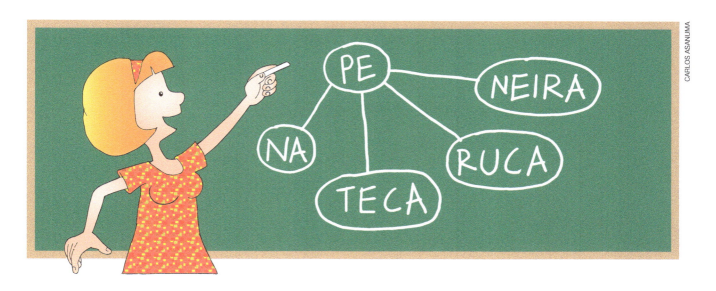

> COPIE AS PALAVRAS QUE VOCÊ LÊ NA LOUSA.

> AGORA É SUA VEZ! FORME TRÊS PALAVRAS COM A SÍLABA **PA**.

ADIVINHE O QUE É?

➤ RESOLVA AS CHARADAS. DEPOIS, CIRCULE NO DIAGRAMA AS PALAVRAS QUE VOCÊ ENCONTROU.

◆ ANIMAL QUE COSTUMA REPETIR O QUE AS PESSOAS FALAM.

_____

◆ AQUILO QUE USAMOS PARA DESEMBARAÇAR OS CABELOS.

_____

◆ MISTURA USADA PARA LANÇAR FEITIÇOS.

_____

◆ INSTRUMENTO MUSICAL QUE TEM TECLAS PRETAS E BRANCAS INTERCALADAS.

_____

◆ INSETO PEQUENO QUE COSTUMA PICAR CACHORROS E PESSOAS.

_____

L	P	I	A	N	O	T	U	C	R	O	L
S	O	L	V	E	T	E	N	O	X	K	O
A	V	U	S	E	I	P	O	Ç	Ã	O	A
Q	P	U	T	R	A	V	E	S	C	O	M
C	O	P	A	P	A	G	A	I	O	R	O
E	X	T	R	O	R	A	P	U	L	G	A
N	H	A	N	O	P	A	T	E	L	I	O
R	U	A	M	O	L	I	T	O	M	A	T
S	I	R	P	E	N	T	E	X	M	A	R

INVENÇÕES

- ORGANIZE AS LETRAS E FORME O NOME DE OBJETOS INVENTADOS PELO SER HUMANO.
- DEPOIS, DESENHE O OBJETO.

Dica

AS PALAVRAS COMEÇAM PELA LETRA AZUL E TERMINAM COM A LETRA VERMELHA.

R R C O A

L I E Ã T O E S V

T L E N O F E E

E L R I G O Ó

ILUSTRAÇÕES: ALEXANDRE MATOS

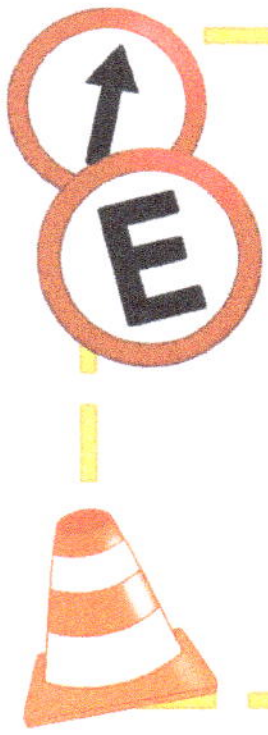

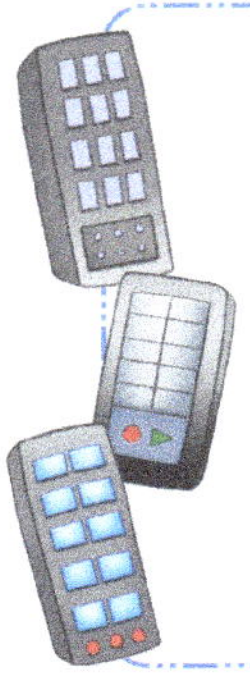

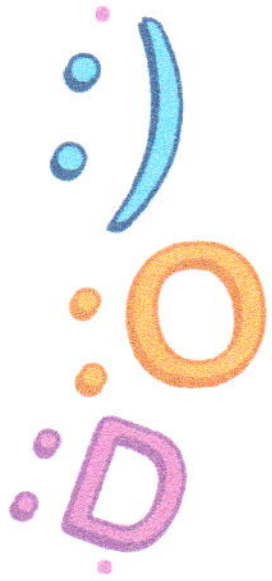

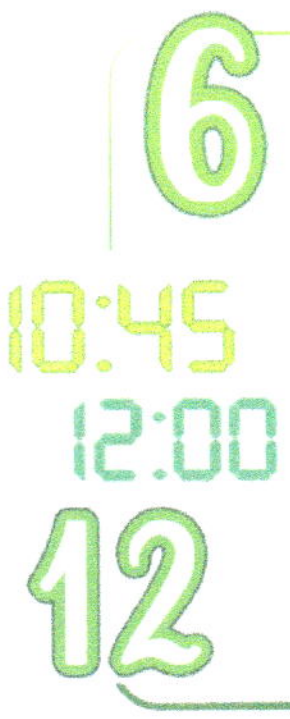

QUE CONFUSÃO!

> LEIA ESTES VERSOS.

NÃO CONFUNDA
MOCHILA CHOCANTE
COM GORILA MUTANTE.

NÃO CONFUNDA
PICOLÉ SALGADO
COM JACARÉ MIMADO.

NÃO CONFUNDA
PETECA VIOLENTA
COM MELECA NOJENTA.

NÃO CONFUNDA
OVELHA ABELHUDA
COM ABELHA ORELHUDA.

EVA FURNARI (TEXTO E ILUSTRAÇÕES). *NÃO CONFUNDA*.
SÃO PAULO: MODERNA, 2011. (TRECHOS.)

> QUE TAL FAZER COMO EVA FURNARI? CRIE NOVOS VERSOS E DESENHOS.

NÃO CONFUNDA **JOÃO MANDÃO** COM **NARIZ DE MELÃO**.

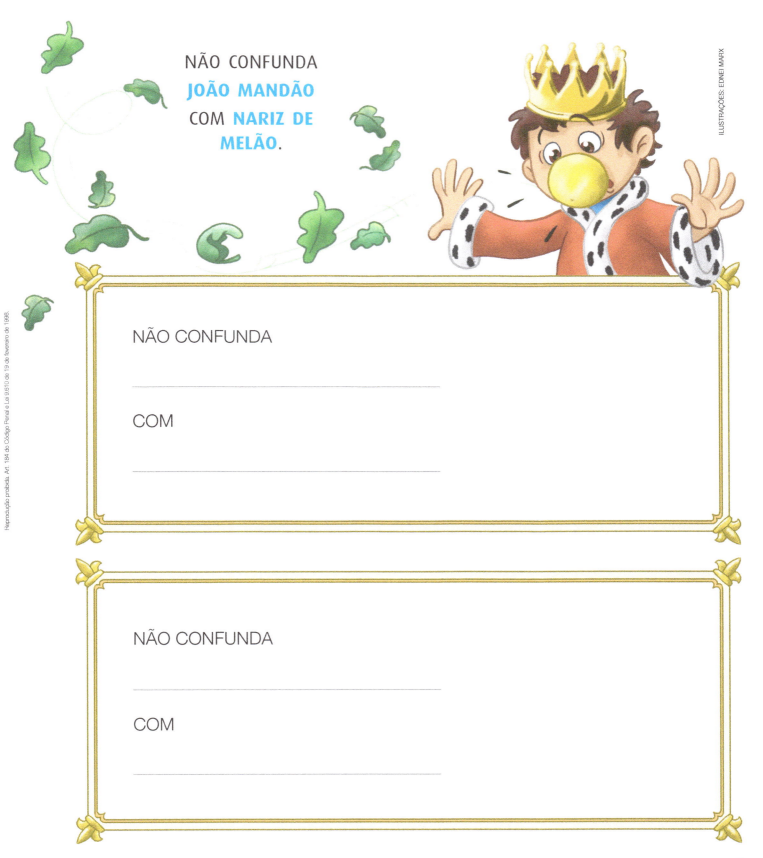

NÃO CONFUNDA _____

COM _____

NÃO CONFUNDA _____

COM _____

PONTE SOBRE O MAR

> QUE INVENÇÕES DO SER HUMANO VOCÊ VÊ NESTA PAISAGEM?

PONTE RIO-NITERÓI, RIO DE JANEIRO.

> ESCREVA O NOME DAS INVENÇÕES QUE VOCÊ ENCONTROU.

_____

_____

> ESCOLHA UMA DESSAS INVENÇÕES.
> ESCREVA UMA FRASE DIZENDO PARA QUE ELA SERVE.

_____

_____

CASA MALUCA

> ENCONTRE TRÊS OBJETOS QUE ESTÃO NO LUGAR ERRADO.

> PINTE O NOME DOS OBJETOS QUE VOCÊ ENCONTROU.

DEDÃO	FEIJÃO	PÃO
BOLÃO	FOGÃO	PILÃO
BOTÃO	VIOLÃO	PIÃO
BALÃO	FOFÃO	PAVÃO

MESMA SÍLABA, PALAVRAS DIFERENTES

> LEIA AS PALAVRAS ABAIXO.

VARAL   CAVALO   ESCOVA

O QUE VOCÊ PERCEBEU QUE ESSAS PALAVRAS TÊM EM COMUM?

☐ TODAS TERMINAM COM A MESMA SÍLABA.

☐ TODAS SÃO ESCRITAS COM A SÍLABA **VA**.

> OBSERVE AS FIGURAS. DEPOIS, ESCREVA O NOME DELAS.

O QUE ESSAS PALAVRAS TÊM EM COMUM?

_____

_____

> ESCREVA TRÊS PALAVRAS COM A SÍLABA **MA**. EM CADA PALAVRA, A SÍLABA **MA** DEVE ESTAR EM UM LUGAR DIFERENTE.

_____

_____

_____

CRUZADINHA DAS INVENÇÕES

➤ COMPLETE A CRUZADINHA COM O NOME DAS INVENÇÕES. A PRIMEIRA PALAVRA JÁ ESTÁ PREENCHIDA.

1. INVENTO ESPACIAL QUE FICA EM ÓRBITA EM VOLTA DO PLANETA TERRA.
2. APARELHO USADO PARA CONVERSAR A DISTÂNCIA.
3. INSTRUMENTO PARA MEDIR A PASSAGEM DO TEMPO.
4. OBJETO USADO PARA ILUMINAR.
5. INSTRUMENTO COM LENTE DE AUMENTO PARA VER A DISTÂNCIA.

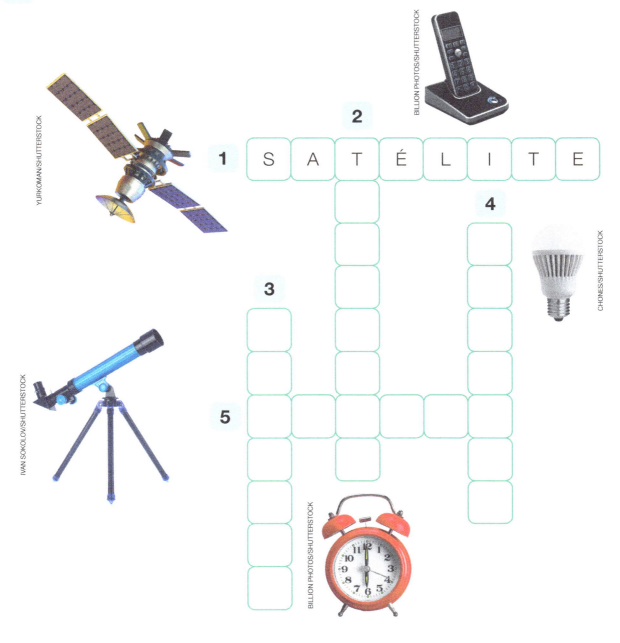

1. SATÉLITE

DESAFIO

ANTES DE ESCREVER UM BILHETE PARA SEU AMIGO DUDU, CATARINA QUIS MONTAR O TEXTO COM AS LETRAS MÓVEIS. MAS ELA PERDEU DUAS LETRAS!
VEJA COMO FICOU O TEXTO.

DUDU,

VAMOS PRINCAR NO PARQUE PERDO DE CASA NO DOMINGO?

PEIJO.

CADARINA

- QUAIS FORAM AS LETRAS QUE ELA PERDEU?

- COPIE O BILHETE DE CATARINA SUBSTITUINDO AS LETRAS QUE ESTÃO TROCADAS.

ESPORTES COM BOLA

> VEJA EM QUE ESPORTES SÃO USADAS ESTAS BOLAS.

> EM QUAL DESSES ESPORTES A BOLA TEM DE ENTRAR EM BURACOS FEITOS NO CHÃO?

> ESCREVA O NOME DOS ESPORTES EM QUE HÁ UMA REDE NO MEIO DA QUADRA.

ESPORTES NA PRAIA E NO MAR

▶ QUAIS ESPORTES VOCÊ CONHECE QUE PODEM SER PRATICADOS EM UM LUGAR COMO ESTE?

PRAIA DA CUEIRA, ILHA DE BOIPEBA, BAHIA.

_____
_____
_____
_____
_____

CARACOL DE SÍLABAS

> ENCONTRE PALAVRAS NOS CARACÓIS.
> SÍLABAS DE MESMA COR FORMAM UMA PALAVRA.
> COMECE NA DIREÇÃO INDICADA PELA SETA.

ANTA: UM GRANDE ANIMAL

> OBSERVE A FOTO E LEIA O TEXTO.

A ANTA

É O MAIOR MAMÍFERO BRASILEIRO. PODE PESAR MAIS DE DUZENTOS QUILOS. ADORA FRUTAS, CAULES, BROTOS E CAPIM. PARA ACASALAR, O MACHO ATRAI A FÊMEA ASSOBIANDO.

O FILHOTE É MUITO BONITINHO: NASCE CASTANHO COM MANCHINHAS BRANCAS PARA FICAR BEM DISFARÇADO NO MEIO DA MATA.

LALAU E LAURABEATRIZ. *NOVOS BRASILEIRINHOS*. SÃO PAULO: COSAC&NAIFY, 2002.

> O TEXTO TRAZ INFORMAÇÕES SOBRE QUAL ANIMAL?

> DO QUE ESSE ANIMAL SE ALIMENTA?

➤ COMO É O FILHOTE DESSE ANIMAL?

_____

_____

_____

_____

➤ AGORA, LEIA ESTE POEMA.

ANTA

ANTA
É BEM GIGANTA.
TEM TROMBA
IGUAL ELEFANTA.
ANTES, ERAM TANTAS
AS ANTAS!
HOJE,
EXISTEM
QUANTAS?

LALAU E LAURABEATRIZ. *NOVOS BRASILEIRINHOS*.
SÃO PAULO: COSAC&NAIFY, 2002.

CRUZADINHA SILÁBICA

➤ COMPLETE A CRUZADINHA ESCREVENDO UMA SÍLABA EM CADA QUADRINHO.

➤ ESCOLHA TRÊS PALAVRAS DA CRUZADINHA ANTERIOR E ESCREVA UMA FRASE COM CADA UMA DELAS.

_____
_____
_____
_____
_____
_____

SURIÁ, A GAROTA DO CIRCO

SURIÁ É UMA PERSONAGEM DE HISTÓRIAS EM QUADRINHOS. ELA VIVE COM A FAMÍLIA EM UM CIRCO.

> LEIA ESTA HISTÓRIA.

> QUAL É O NOME DO CAMELO?

> O QUE ELE ESTAVA COMEMORANDO?

☐ NATAL.

☐ PÁSCOA.

☐ ANIVERSÁRIO.

> QUAIS PALAVRAS SURIÁ DESCOBRIU QUE RIMAM COM **CAMELO**?

> O QUE ELA ESCREVEU COM ESSAS PALAVRAS?

_____

_____

> QUE TAL VOCÊ TAMBÉM ESCREVER UNS VERSINHOS PARA O GASPAR? SE QUISER, USE AS PALAVRAS QUE SURIÁ DESCOBRIU.

O QUE É, O QUE É?

TEM ASA, MAS NÃO VOA.
TEM BICO, MAS NÃO É AVE.

____

QUANTO MAIS SECA,
MAIS MOLHADA FICA.

____

ANDA COM OS
PÉS NA CABEÇA.

____

É FEITA PARA
ANDAR, MAS NÃO
ANDA.

____

QUANDO ESTAMOS EM PÉ, ELE
FICA DEITADO.
QUANDO ESTAMOS DEITADOS,
ELE FICA EM PÉ.

____

ILUSTRAÇÕES: EDNEI MARX

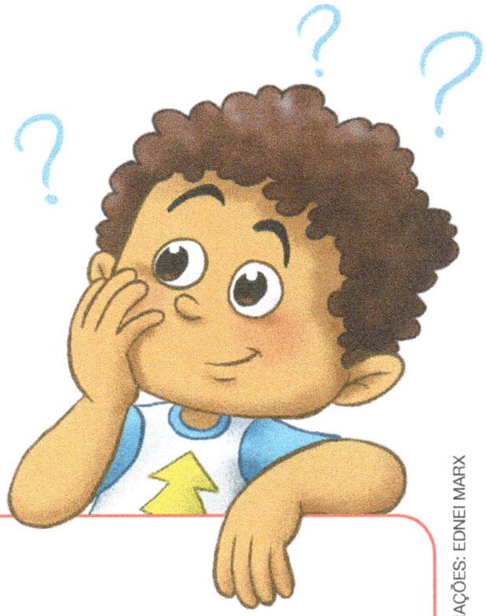

➤ VOCÊ CONHECE ALGUMA ADIVINHA? ESCREVA AQUI.

____

____

____

____

____

QUE HISTÓRIA É ESSA?

RITINHA TROCA-BOLAS

ERA UMA VEZ UMA MENINA MUITO BONITA, COM A PELE BRANCA COMO A NEVE, QUE VIVIA NO CASTELO DE UMA MADRASTA MUITO MÁ.

UM DIA, ELA COLOCOU UM CHAPEUZINHO VERMELHO E FOI LEVAR DOCES PRA VOVOZINHA.

AÍ, QUANDO ELA IA SUBINDO UMA ESCADA, PERDEU O SAPATINHO DE CRISTAL. POR ISSO, A BRUXA PRENDEU A COITADINHA NUMA TORRE E OS CABELOS DELA FICARAM COMPRIDOS, E O PRÍNCIPE SUBIA PRA PAPEAR COM ELA, AGARRANDO-SE NAS TRANÇAS DA MENINA.

DE VEZ EM QUANDO, A BRUXA MANDAVA ELA MOSTRAR O DEDINHO PRA VER SE ELE ESTAVA GORDINHO, PORQUE A BRUXA SÓ GOSTAVA DE CRIANÇAS GORDUCHAS.

MAS A MENINA FUGIU E FOI JOGANDO PEDRINHAS COLORIDAS PELO CAMINHO PRA NÃO SE PERDER NA FLORESTA. FOI AÍ QUE APARECEU O LOBO MAU COM UMA MAÇÃ ENVENENADA E SOPROU A CASA DE MADEIRA ONDE A MENINA TINHA SE ESCONDIDO...

PEDRO BANDEIRA. *RITINHA TROCA-BOLAS.* SÃO PAULO: MODERNA, 1997.

> VOCÊ CONSEGUIU IDENTIFICAR OS CONTOS QUE ESTÃO MISTURADOS NESSA HISTÓRIA MALUCA?

> ENCONTRE NO DIAGRAMA O NOME DE ALGUMAS PERSONAGENS DESSES CONTOS.

R	A	B	U	N	J	O	Ã	O	*	E	*	M	A	R	I	A	C	E	N
A	B	R	N	C	A	*	H	I	C	H	A	P	N	*	P	Q	R	S	T
C	H	A	P	E	U	Z	I	N	H	O	*	V	E	R	M	E	L	H	O
M	B	R	A	N	C	A	*	D	*	N	E	V	E	*	N	E	V	L
L	O	B	O	*	M	A	U	O	C	S	T	*	E	R	E	A	L	L	L
C	I	N	D	E	R	E	L	A	G	*	F	R	A	P	U	N	Z	E	L
G	H	Z	M	K	U	A	H	Q	Z	I	L	Q	X	T	E	H	W	K	X
B	S	J	T	R	Ê	S	*	P	O	R	Q	U	I	N	H	O	S	Q	Z

> ESCREVA O NOME DAS PERSONAGENS QUE TÊM ESTES OBJETOS.

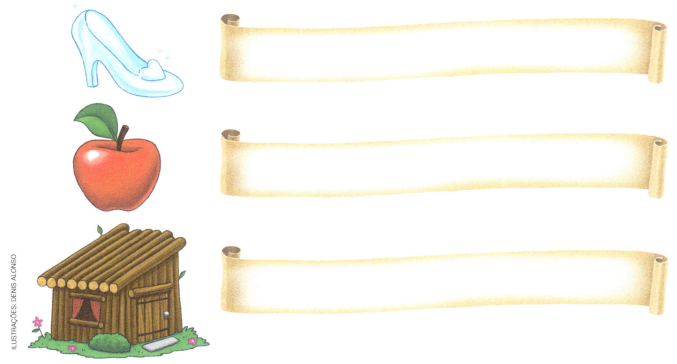

▶ ESCREVA O TÍTULO DO CONTO DE QUE VOCÊ MAIS GOSTA. FAÇA UMA ILUSTRAÇÃO BEM CAPRICHADA PARA ELE!

EM PLENO VOO

OS DINOSSAUROS ERAM ANIMAIS QUE VIVIAM EM TERRA. NAQUELA ÉPOCA, HAVIA TAMBÉM OUTROS ANIMAIS, QUE NÃO ERAM AVES, MAS VOAVAM. AS ASAS FICAVAM PRESAS AOS DEDOS. ELES SE ALIMENTAVAM DE PEIXES E ACREDITA-SE QUE CUIDAVAM DE SEUS FILHOTES EM NINHOS. VEJA UM DELES.

> PARA DESCOBRIR O NOME DESSE RÉPTIL VOADOR, É SÓ SEGUIR AS INSTRUÇÕES.

- PRIMEIRA LETRA DE PATO
- SEGUNDA SÍLABA DE PETECA
- A ÚLTIMA SÍLABA DE MUROS
- PRIMEIRA SÍLABA DE SAUDADE
- ÚLTIMA SÍLABA DE CARO

61

DESAFIO

OS ALUNOS DO 1º ANO FIZERAM UM ESTUDO SOBRE DINOSSAUROS. ELES DESCOBRIRAM QUE NO BRASIL TAMBÉM EXISTIRAM ALGUMAS ESPÉCIES. NA PESQUISA, ENCONTRARAM ESTE DINOSSAURO:

VEJA AS INFORMAÇÕES QUE ELES OBTIVERAM:

NOME: ADAMANTISSAURO

MASSA CORPORAL: CERCA DE 12 TONELADAS

TAMANHO: 12 METROS DE COMPRIMENTO E 4 METROS DE ALTURA

ALIMENTAÇÃO: HERBÍVORO

MAS NA PESQUISA FALTOU ENCONTRAR UMA INFORMAÇÃO: O LOCAL ONDE ESSE DINOSSAURO VIVEU...

OS ALUNOS RECEBERAM ESTA PISTA:

DESCUBRAM O SIGNIFICADO DO NOME DO DINOSSAURO E SABERÃO ONDE ELE VIVEU.

- ADAMANTI + SSAURO
- SAURO SIGNIFICA LAGARTO
- O FÓSSIL FOI ENCONTRADO EM UMA CIDADE DO ESTADO DE SÃO PAULO
- ADAMANTI + ÚLTIMA SÍLABA DO NOME CATARINA

✓ ONDE O ADAMANTISSAURO VIVEU?

✓ VOCÊ DESCOBRIU O QUE SIGNIFICA O NOME DO DINOSSAURO?

QUE DELÍCIA DE LUGAR!

> OBSERVE ESTA FOTO.

> DE QUE ESSE LUGAR É FEITO?

_____

_____

_____

> SE VOCÊ FOSSE CONSTRUIR UM LUGAR PARA VIVER, COMO ELE SERIA?

_____

_____

_____

ALFABETO

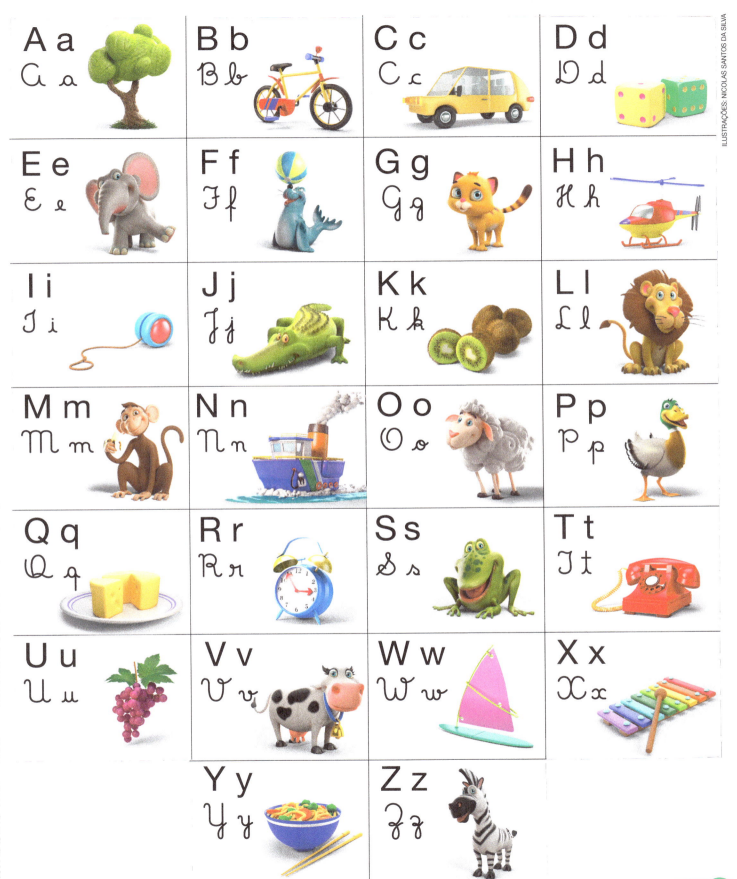